डबल योर प्रॉफिट इन डिस्ट्रीब्यूशन

7 नियम एक समृद्ध वितरक बनने के

डबल योर प्रॉफिट इन डिस्ट्रीब्यूशन

7 नियम एक समृद्ध वितरक बनने के

ओम प्रकाश धमीजा
रुपक धमीजा

Worldwide Published by

Pendown Press

PENDOWN PRESS LLP

An ISO 9001 & ISO 14001 Certified Co.,

Regd. Office: 3767A, Kanhaiya Nagar,

Tri Nagar, Delhi-110035

Ph.: 8130886000, 9650072927, 8595249536

E-mail: info@pendownpress.com

Branch Office: 1A/2A, 20, Hari Sadan, Ansari Road,

Daryaganj, New Delhi-110002

Ph.: 011-45794768

Website: PendownPress.com

Edition: 2025

ISBN: 978-93-6338-900-7

Layout and Cover Designed by Pendown Graphics Team
Printed and Bound in India by Thomson Press India Ltd.

अनुक्रमणिका

आभार

मेरे माता-पिता, **श्री दुनी चंद धमीजा** और **श्रीमती ज्ञान देवी धमीजा** का, जो मेरे सबसे बड़े आदर्श हैं। जिन्होंने मेरे सफर के हर कदम पर मेरा मार्गदर्शन किया। आपके अटूट प्यार, मार्गदर्शन और मूल्यों ने मुझे आज यहां तक पहुंचाया है। मैं आपके द्वारा किए गए सभी कार्यों के लिए दिल से आभारी हूँ।

मेरी जीवन संगिनी **सोनिया धमीजा** का, जो हर परिस्थिति में मेरी सहयोगिनी बनकर मेरे साथ खड़ी रहीं। मेरी पूरक बनकर आपने पारिवारिक जिम्मेदारियों को बड़ी ही कुशलता और कर्तव्यनिष्ठा से निभाया। इसके लिए आपका तहे दिल से शुक्रिया।

मेरे बच्चों, **रूपक धमीजा** और **जूही धमीजा** का, जो मेरी खुशी और प्रेरणा का स्रोत हैं। आपको ढेर सारा प्यार!

धमीजा ग्राइंडर्स प्राइवेट लिमिटेड की मेरी टीम का, जो मेरे साथी, मार्गदर्शक और परिवार की तरह रहे हैं। मुझ पर विश्वास करने और इस सफर पर मेरे साथ चलने के लिए धन्यवाद।

मेरे मित्र, पेनडाउन प्रेस के सीईओ, श्री दिनेश वर्मा और उनकी टीम का, जिन्होंने इस पूरी क्रिएटिव प्रक्रिया में हमारा साथ दिया और अच्छे-अच्छे सुझाव दिए।

इस ब्रह्मांड का, जिसने मुझे इस किताब को पूरा करने के लिए विचार, प्रेरणा और शक्ति प्रदान की। हर कदम पर मुझे प्यार, समर्थन और मार्गदर्शन देने के लिए धन्यवाद।

और अंत में, सभी प्रियजनों का, जो इस यात्रा में मेरे साथ रहे हैं - आपके अटूट समर्थन, प्रोत्साहन और स्नेह के लिए धन्यवाद। भले ही आपके नाम का उल्लेख न किया गया हो, लेकिन आप हमेशा मेरे दिलों में एक ख़ास स्थान रखते हैं।

आप सभी के सहयोग के बिना मेरा निश्चिंत होकर आगे बढ़ना संभव नहीं था।हमारे मित्र, पेनडाउन प्रेस के सीईओ, श्री दिनेश वर्मा और उनकी टीम का, जिन्होंने इस पूरी क्रिएटिव प्रक्रिया में हमारा साथ दिया और अच्छे-अच्छे सुझाव दिए।

इस ब्रह्मांड का, जिसने हमें इस किताब को पूरा करने के लिए विचार, प्रेरणा और शक्ति प्रदान की। हर कदम पर हमें प्यार, समर्थन और मार्गदर्शन देने के लिए धन्यवाद।

और अंत में, हमारे सभी प्रियजनों का, जो इस यात्रा में हमारे साथ रहे हैं - आपके अटूट समर्थन, प्रोत्साहन और स्नेह के लिए धन्यवाद। भले ही आपके नाम का उल्लेख न किया गया हो, लेकिन आप हमेशा हमारे दिलों में एक ख़ास स्थान रखते हैं।

आप सभी के सहयोग के बिना हमारा निश्चिंत होकर आगे बढ़ना संभव नहीं था।

जान-पहचान

दोस्तों मित्रों, भाईयों,

नमस्कार, प्रणाम, राम राम, और सलाम।

मैं, ओम प्रकाश धमीजा, इन 45 वर्षों से लगातार व्यापार कर रहा हूँ। इन वर्षों में, मैंने हजारों दुकानदारों और वितरकों से मिलकर काम किया है। इन हजारों वितरकों में, मैंने यह पाया कि मुश्किल से 30-35% वितरक ऐसे हैं जो अपने व्यापार को समृद्ध और व्यवस्थित तरीके से चला रहे हैं, जबकि बाकी 65-70% वितरक हमेशा किसी न किसी परेशानी में ही दिखाई देते हैं।

कई बार, मैंने इसे देखा और अनदेखा किया, लेकिन एक दिन एक वितरक की दर्दभरी कहानी सुनकर मेरा मन इतना व्यथित हुआ कि मैंने ठान लिया कि मैं इन 65-70% वितरकों के लिए कुछ करूंगा, जो हमेशा दुविधा में रहते हैं। मैंने उनसे मिलना शुरू किया, उनका दुःख दर्द और काम करने का तरीका जाना। सैकड़ों वितरकों से लंबी बातचीत करने के बाद यह पाया कि अधिकांश वितरकों की कोई बड़ी गलती नहीं होने के बावजूद उन्हें बहुत समस्याओं का सामना करना पड़ता है। इसका मुख्य कारण जानकारी की कमी है।

अगर वे केवल कुछ बुनियादी बातों पर ध्यान दें, तो वे 95% धोखाधड़ी से बच सकते हैं और अपनी मेहनत और ईमानदारी से खुशहाल जीवन जी सकते हैं। एक वितरक बड़े जोश और पूंजी

के साथ व्यापार शुरू करता है, लेकिन कुछ समय बाद वह खुद को वितरण (Distribution) के जाल में फंसा हुआ महसूस करता है। अगर वह इससे बाहर निकलना भी चाहे, तो उसके लिए उसे एक ठीक ठाक कीमत (जो उधारी उसने व्यापार करने के लिये मार्केट में दी थी जो कि देनी भी पड़ती है वह काफी हद या तो नहीं मिलती या इतने समय बाद काफी समय खर्च करके समय और कीमत चुकानी पड़ती है।)

कई बार लोग इतने दबाव में आकर नौकरी ढूंढने को भी मजबूर हो जाते हैं। मुझे एक बार श्री अरविन्द अग्रवाल जी से मिलने का मौका मिला, जिनके व्यवहार और बात करने के तरीके से यह विश्वास करना मुश्किल था कि वे किसी फर्म के मालिक नहीं, बल्कि केवल एक कर्मचारी थे। मैंने उनसे अधिक जानकारी प्राप्त करने के लिए काफ़ी समय तक पूछताछ की, और तब उन्होंने मुझे बताया कि वे पहले बहुत बड़े टर्नओवर वाली कंपनियों का वितरण करते थे।

लेकिन, छोटी-छोटी धोखाधड़ी और जानकारी की कमी के कारण उनका व्यवसाय ढह गया और उन्हें बड़ा आर्थिक घाटा हुआ। अपने अनुभवों के बावजूद, आज वे सारी खूबियों और क्षमताओं के बावजूद एक वितरक के यहाँ नौकरी करने को मजबूर हैं। उनके जीवन में यह बदलाव सिर्फ छोटी गलतियों के कारण हुआ, जो सही जानकारी और समझ से बची जा सकती थीं।

इसी तरह, मुझे बिसौली के एक वितरक से मिलने का अवसर मिला, जो पहले हमारा वितरक था। जानकारी की कमी और

अधिक मुनाफे के लालच में आकर उसने एक मसाला कंपनी का वितरण कार्य शुरू कर दिया। उसे यह भ्रम था कि वह ज्यादा मुनाफा कमाएगा, लेकिन वास्तविकता में उसने 15 से 20 लाख रुपये का नुकसान झेला। यह नुकसान वह तुरंत देख सकता था, लेकिन उसका मानसिक और समय के स्तर पर जो नुकसान हुआ, वह उसे महसूस भी नहीं हो सका। इसका ज़िक्र विस्तार से मैं आगे अध्याय 1 में करने वाला हूँ। यह नुकसान न केवल पैसों में था, बल्कि उसका पूरा व्यापार और समय भी इस संकट में डूब गए। इस पूरी स्थिति का जिक्र मैं आगे के चैप्टर में करूंगा, ताकि आपको और अधिक स्पष्टता मिल सके।

इन घटनाओं को देखकर जो टीस मेरे मन में उठी, वही कारण था कि मैंने यह पुस्तक लिखने का निर्णय लिया। मेरा उद्देश्य उन लोगों को जानकारी देना है, जो इस व्यवसाय में अपने अनुभवों और सही जानकारी की कमी के कारण नुकसान उठा रहे हैं। यह किताब उन सभी के लिए है जो अपने व्यापार को सही दिशा में आगे बढ़ाना चाहते हैं और जो छोटी-छोटी गलतियों से बचना चाहते हैं। मुझे पूरी उम्मीद है कि आप इसे ध्यानपूर्वक पढ़ेंगे और समझेंगे, जिससे आपको निश्चित रूप से इसका लाभ मिलेगा।

किताब का उद्देश्य

यह किताब विशेष रूप से उन व्यापारियों और वितरकों के लिए लिखी गई है जो अपने व्यवसाय को एक नई दिशा देना चाहते हैं। इसका उद्देश्य न केवल व्यापार में मुनाफा बढ़ाने के उपाय बताना है, बल्कि यह भी दर्शाना है कि कैसे सही प्लानिंग, सही रणनीति और सही रिश्ते बनाए जाएं, ताकि आपका व्यवसाय हर मोर्चे पर सफल हो सके।

हमारे व्यापार में जहां कभी सफलता की कोई गारंटी नहीं होती, वहीं सही निर्णय, सही समझ और सही मार्गदर्शन से आप अपने व्यवसाय को स्थिर और बढ़ता हुआ देख सकते हैं। इस किताब के माध्यम से मैं आपको वह जरूरी बातें बताना चाहता हूँ, जिनसे आप अपने व्यवसाय को न केवल मुनाफे की ओर बढ़ा सकते हैं, बल्कि इसे एक स्थिर और मजबूत प्रतिष्ठान भी बना सकते हैं।

यह किताब एक मार्गदर्शक बनकर आपके साथ खड़ी रहेगी, ताकि आप सिर्फ अपने व्यापार में केवल मुनाफा ही न बढ़ाएं, बल्कि सही तरीके से उसे बढ़ाएं और सफलतापूर्वक उसे अगले स्तर तक लेकर जाएं।

अध्याय 1

पूरी जानकारी कम्पनी के बारे में

मैंने ऊपर एक बिसौली के एक वितरक का जिक्र किया था, जिनका नाम राजेश है, उनके बारे में विस्तार से बताते हुए, मैं यह कहना चाहता हूँ कि उनकी तकलीफ सुनकर ही मुझे यह किताब लिखने की आवश्यकता महसूस हुई। राजेश ने बताया कि वह एक ईमानदार, मेहनती और कुशल वितरक थे, जो वर्षों से कई कंपनियों के साथ-साथ हमारी कंपनी के लिए भी काम कर रहे थे। एक दिन, एक सेल्समैन ने उन्हें अधिक मुनाफे का झांसा देकर 20-25 लाख रुपये का माल अग्रिम भुगतान (advance payment) और अनुबंध (agreement) पर मंगवा दिया। लेकिन वह माल गुणवत्ता और कीमत के अनुरूप बिक्री योग्य नहीं था। चूंकि खाद्य सामग्री (food item) की एक शेल्फ लाइफ होती है, जो समाप्त होने के बाद खराब हो जाती है, वह माल भी गोदाम में पड़ा-पड़ा बेकार हो गया और अंततः फेंकना पड़ा।

मेरे मन में ये सवाल घर गया कि यह घटना एक वितरक के साथ क्यों घटी?

इसका मुख्य कारण था कंपनी की पूरी जानकारी न होना। जब मैंने राजेश को सुझाव दिया कि वह कंपनी जाकर स्थिति

स्पष्ट करें, तो उन्होंने कई दिन खर्च कर यह पाया कि वह कंपनी गाजियाबाद के पालिका बाजार में एक किराये की दुकान से काम कर रही थी, जिसे उन्होंने मुख्य कार्यालय (HO) बताया था। यह तथाकथित कंपनी कई लोगों को ठगने के बाद भाग गई।

मित्रों, एफएमसीजी (FMCG) व्यापार यानी रोजमर्रा की वस्तुएं, जिनका हम और हमारा समाज प्रतिदिन उपयोग करते हैं। यह हमेशा सदाबहार व हमेशा चलने वाला व्यापार रहा है। जैसे तेल, घी, आटा, चावल, साबुन, रिफाइंड तेल, मसाले आदि – ये ऐसे FMCG प्रोडक्ट हैं जिनके बिना हमारी दिनचर्या अधूरी रहती है।

आपने देखा होगा कि हाल ही में कोरोना काल के दौरान बड़े-बड़े उद्योग कठिनाइयों में आ गए। रियल एस्टेट में कई लोगों का काम बंद हो गया, और बड़ी-बड़ी इंडस्ट्रीज पर ताला बंदी की नौबत आ गई। लेकिन **FMCG (फास्ट मूविंग कंज्यूमर गुड्स)** इंडस्ट्री, वितरक और दुकानदार—इनमें से किसी को भी इस तरह की परेशानी का सामना नहीं करना पड़ा। यह भी एक कारण हो सकता है कि आज बड़ी-बड़ी कंपनियां FMCG गुड्स में अधिक रुचि लेने लगी हैं। उनके काम करने के तरीके से यह बात स्पष्ट होती है। हालांकि, मेरा अनुभव यह बताता है, और शायद आप भी सहमत होंगे, कि सदैव चलने वाली सेल और मुनाफा देने वाले वितरण के बावजूद, यदि इसमें सावधानी नहीं बरती जाए, तो यह आपकी प्रतिष्ठा, संपत्ति और धन को नुकसान पहुँचा सकता है।

इसलिए, FMCG वितरण प्रारंभ करने से पहले, 7 नियमों में सबसे पहला नियम यह है कि जिस कंपनी के साथ आप वितरण का अनुबंध करने वाले हैं, उसके बारे में पूरी जानकारी अवश्य एकत्र करें।

जबकि होता क्या है कि आपके सामने एक सेल्समैन एक कम्पनी के वितरण का प्रयोजन लेकर खड़ा होता है जो कि पहले ही किसी अच्छी कम्पनी से जुड़ा होता है और अपने संबंधों, अनुभवों और कंपनी की आधी-अधूरी सच्चाई बताकर आपको प्रभावित करता है। आप उसकी बात का यकीन करने लग जाते हैं और और वह भीआपकी हर शंका का उत्तर अपनी ओर से देकर कहता है, "मैं हूँ न!" (शाहरुख खान टाइप में)।

आप भी उसे जान-पहचान वाला मानकर उसकी बातों पर भरोसा कर लेते हैं। लेकिन यह भी तो संभव है कि उसे बड़ी कंपनी से निकाल दिया गया हो, या वह सैलरी के लालच में किसी छोटी कंपनी से जुड़ गया हो। उसके लालच का परिणाम यह हो सकता है कि आपकी गुडविल, आपकी पूंजी, आपका इन्वेस्टमेंट (जैसे गोदाम, दुकान, माल वितरण का साधन, स्टाफ, और आपकी प्रतिष्ठा)—सब कुछ दांव पर लग जाए। आप केवल उस सेल्समैन के कहने पर कंपनी को अपने दिमाग में स्थापित कर लेते हैं। आपने यह जरूरी नहीं समझा कि जिस कंपनी पर आप इतना बड़ा निवेश करने वाले हैं, एक बार जाकर उसे व्यक्तिगत रूप से जाँचें। जिस पते पर वह कंपनी स्थित है, वही पता उसके उत्पाद पर भी पूरी तरह से छपा होना चाहिए।

यदि आप खाने-पीने के उत्पादों का वितरण लेने जा रहे हैं, तो ध्यान रखें कि यदि कंपनी आपको बिना बिल के ऑफर देती है, तो उससे किसी भी हालत में काम नहीं करना चाहिए।

क्यों?

क्योंकि:

1. **FSSAI के नियमों का ज्ञान:**

   आप FSSAI के आधे नियम भी शायद नहीं जानते होंगे, और ऊपर से आपके पास बिल भी नहीं होगा।

2. **उत्पाद की प्रमाणिकता:**

   यदि उत्पाद का FSSAI लैब में सैंपल फेल हो गया और किसी कारणवश कोई "सेटिंग" भी नहीं हुई, तो आप पूरी तरह अकेले खड़े होंगे। उस समय आपके पास यह साबित करने का कोई साधन नहीं होगा कि आपने जो उत्पाद बेचा, वह कंपनी का ही था।

गलत धारणा से बचें:

आपको यह लग सकता है कि कंपनी ने बिलिंग सिर्फ टैक्स बचाने के लिए नहीं की। यह धारणा पूरी तरह गलत है। कंपनी ने आपको यह सोचने के लिए मजबूर किया है कि टैक्स बचाना इसका मकसद है, जबकि असल में ऐसा नहीं है।

सच्चाई यह है:

कंपनी बिलिंग इसलिए नहीं करती क्योंकि अगर सैंपल जोकि FSO द्वारा उठाया गया आपके प्रतिष्ठान से फेल हो जाए और वह किसी भी प्रयास से खुद को नहीं बचा सके, तो वह आपको फंसा देगी और खुद अपनी गर्दन बचा लेगी।

यह बिल न देने का कारण टैक्स बचाना नहीं, बल्कि अपनी जिम्मेदारी से बचना है।

चूंकि मैं मसालों का काम करता हूँ, मुझे पता है कि मसालों पर केवल 5% जीएसटी है। इसके कच्चे माल, जैसे हल्दी, मिर्च आदि, की खरीद मुख्य रूप से आंध्र प्रदेश, तमिलनाडु, कर्नाटक, केरल, कोचीन और राजस्थान से होती है। जब यह कच्चा माल नॉर्थ इंडिया (जैसे दिल्ली और आसपास के क्षेत्र) पहुँचता है, तो इसे लगभग 7 राज्यों से होकर गुजरना पड़ता है। मुझे नहीं लगता कि इन राज्यों से परिवहन किराया 4 रुपये प्रति किलो से 10 रुपये प्रति किलो के बीच से अधिक होता है।

यदि कोई कंपनी बिना बिल के माल मंगाना चाहती है, तो 20 रुपये प्रति किलो में कोई भी ट्रांसपोर्ट उसका माल लाने के लिए तैयार नहीं होंगे। जबकि टैक्स की औसतन राशि 100 रुपये प्रति किलो पर 5 रुपये और 200 रुपये प्रति किलो पर 10 रुपये ही देनी होती है।

सोचने वाली बात यह है कि जब बिना बिल के बेचने वाला निर्माता भी माल बिल के साथ खरीदकर लाता है, तो वह आपको

माल बिना बिल के क्यों बेचना चाहता है? इसका कारण केवल यह है कि वह अपनी गर्दन बचाना चाहता है। फंसने की स्थिति में वह अपनी सुरक्षा के लिए आपको फंसा देगा।

बिल न देने का बहाना

यह निर्माता आपको यह कहकर डराता है कि "बिल देने से आप पर टैक्स लग जाएगा," जबकि असल में उसने पहले ही टैक्स चुकाया होता है। अगर वह बिल देता है, तो उसे मात्र 70 पैसे का टैक्स अतिरिक्त देना होगा।

टैक्स की गणना का उदाहरण

मान लीजिए, उसने माल 200 रुपये प्रति किलो में खरीदा और उस पर 10 रुपये (5%) का टैक्स चुकाया। इसके बाद वह माल को पीसकर 250 रुपये प्रति किलो बेचता है और पैकिंग पर 10 रुपये प्रति किलो का खर्चा जोड़ता है।

टैक्स विवरण:

- **कच्चा माल पर टैक्स:** 200 रुपये × 5% = 10 रुपये
- **फिनिश्ड गुड्स पर टैक्स:** 250 रुपये × 5% = 12.50 रुपये
- **पैकिंग सामग्री पर टैक्स:** 10 रुपये × 18% = 1.80 रुपये

कुल टैक्स:

- **कच्चे माल का टैक्स:** 11.80 रुपये

- **फिनिश्ड गुड्स का टैक्स:** 12.50 रुपये
- **अंतर:** 12.50 - 11.80 = 70 पैसे

क्यों बिल नहीं देता?

वह 70 पैसे प्रति किलो की चोरी करता है। लेकिन अगर वह बिना बिल के माल भेजता है, तो उसे आपकी टाउन तक माल पहुंचाने के लिए ट्रांसपोर्ट में इससे ज्यादा खर्च करना पड़ता है। इसका मतलब है कि वह बिल नहीं देता क्योंकि फंसने की स्थिति में आपको अकेला छोड़ सके।

सस्ता बेचने का भ्रम

आपके मन में यह सवाल हो सकता है कि जब उसने टैक्स पूरा चुका दिया, तो वह माल सस्ता कैसे बेच देता है? इसे एक उदाहरण से समझें:

तेजा मिर्च: एक उदाहरण

मान लीजिए, "तेजा मिर्च," जो उत्तर भारत की एक पसंदीदा क्वालिटी है, अपने तीखेपन की वजह से ग्राहकों द्वारा, चाहे साबुत हो या पिसी हुई, बहुत पसंद की जाती है। तेजा मिर्च का भाव 200 रुपये प्रति किलो है, जबकि तेजा मिर्च के पत्तों का भाव 100 रुपये प्रति किलो होता है।

मिर्च पत्ता (फटकी) का तीखापन तेजा मिर्च जितना ही होता है, लेकिन पिसाई के बाद उसका रंग हल्का हो जाता है। यदि

उसमें सिंथेटिक रंग मिला दिया जाए, तो यह तेजा मिर्च से भी लाल दिखती है। ग्राहक इसे लाल रंग और तीखेपन के कारण खरीद लेता है, और शिकायत करने की संभावना भी बहुत कम रहती है। **क्योंकि वह मिर्च खाने में तीखी व देखने में रंगदार लाल होती है।**

रंग लगे माल की गणना:

कच्चे माल और तैयार माल पर टैक्स:

- **कच्चा माल खरीद:** तेजा फटकी पत्ता 100/- प्रति क्विंटल
- **पैकिंग सामग्री:** ₹10/-
- **सिंथेटिक कलर:** ₹05/-
- **टोटल:** ₹115/-
- **पैकिंग:** ₹10/-
- **टोटल:** ₹125/-
- **घाटी (शॉर्टेज):** ₹10/-
- **टोटल:** ₹135/-

पिसाई में घटी (शोर्टेज) लगा कर 130-135 रंग लगे बिना बिल के माल की लागत

बिना रंग लगी लाल तेजा मिर्च पीसने पर:

- **मिर्च साबुत लाल:** ₹200/-
- **पिसाई:** ₹10/-

- **पैकिंग:** ₹10/-
- **घाटी (शॉर्टेज):** ₹20/-
- **टोटल:** ₹240/-

लागत और मुनाफे की तुलना:

चूंकि सभी दुकानदारों को तेजा मिर्च का भाव 200 रुपये प्रति किलो पता है, इसलिए आप इसे पैकेट बनाकर अधिकतम 270-280 रुपये प्रति किलो में बेच सकते हैं। दूसरी ओर, तेजा मिर्च के **पत्ता (फटकी) क्वालिटी** की वास्तविक लागत उपरोक्त आंकड़ों के अनुसार 135/- रुपये प्रति किलो आती है। इसे आप 240-250/- रुपये प्रति किलो तक बेच सकते हैं, क्योंकि इसमें सिंथेटिक रंग मिलाने के बाद यह तेजा मिर्च से भी बेहतर दिखती है और तीखी भी लगती है।

ग्राहक को यह आकर्षक लगेगा, और दुकानदार को भी यह सस्ता माल सही लगेगा। निर्माता कंपनी का मुनाफा इस प्रकार 100 रुपये प्रति किलो तक हो सकता है। यही वजह है कि वह लंबी उधारी देने में भी परेशानी नहीं करता।

यानि आपको यह लगेगा कि इससे बढ़िया और कुछ नहीं हो सकता, बस आपको बिल नहीं देगा। क्योंकि सिंथेटिक कलर होने के कारण वह सैंपल असुरक्षित (UNSAFE) आ सकता है। और जिसके पास वह मिर्च का पैकेट है और उसके पास बिल भी नहीं है, तो उसकी ज़िम्मेदारी सिर्फ उसी की होगी। उस पर लाखों रुपये का जुर्माना और 7 साल तक की जेल हो सकती है। मेरे

पास इसके इतने उदाहरण हैं कि मैं इस पर एक पूरी किताब लिख सकता हूं। जिस दुकानदार ने केवल 15-20 रुपये रेट कम लेने की गलती की, उसे इतनी बड़ी सज़ा भुगतनी पड़ी। उसकी गुडविल का सर्वनाश, उसकी मान-प्रतिष्ठा ध्वस्त, और यदि वह अकेले काम करने वाला है तो उसका व्यापार भी खत्म। इतना बड़ा गुनाह वह बेचारा उस निर्माता के विश्वास पर गलती से कर बैठा। यानि उसने रंग वाला माल 10-15 रुपये सस्ता बिना बिल के ले लिया। यदि वह वही सामान बिल से लेता और उसका सैंपल फेल हो जाता, तो मुख्य आरोपी केवल निर्माता होता। आप पर भी नोटिस जरूर आता, लेकिन आप कोर्ट में एक मुजरिम की तरह नहीं, बल्कि केवल एक गवाह के रूप में पेश होते। आप पर सिर्फ मामूली 5-10 हजार रुपये का लापरवाही का जुर्माना होता।

यह फर्क है बिल से और बिना बिल के माल लेने का, खासकर खाने-पीने के सामान में।

एक बार मेरी यही बात एक अनुभवी दुकानदार से हुई, जो पढ़ा-लिखा भी है। उसने कहा, "मैं सांप पाल सकता हूं, लेकिन खाने-पीने का सामान बिना बिल के नहीं ले सकता।" यह बात मुझे भी सत्य प्रतीत होती है। सच में, सांप पालना आसान है, लेकिन बिना बिल के माल लेना ज्यादा मुश्किल में डाल सकता है।

मित्रों, मेरा निवेदन है:

1. सबसे पहले कंपनी विजिट करें।

2. बिना बिल के माल न लें।

मेरी उपरोक्त बातों की पुष्टि आप FSSAI के नोटिफिकेशन से चेक कर सकते हैं या फिर मुझसे कहें, मैं आपको मेल कर सकता हूं।

अध्याय 2

पूरी जानकारी प्रोडक्ट की क्वालिटी के बारे में

अब आपने कम्पनी के बारे में पूरी जानकारी प्राप्त कर ली है। बिल से माल मिलेगा, यह भी सुनिश्चित कर लिया है। लेकिन क्वालिटी के बारे में जानना जरूरी है। बिना सही क्वालिटी के माल का लेना आपके व्यापार के लिए हानिकारक हो सकता है। इस अध्याय में, हम उन प्रमुख बिंदुओं पर चर्चा करेंगे जो आपको किसी भी उत्पाद की क्वालिटी सुनिश्चित करने के लिए ध्यान में रखने चाहिए।

1. कंपनी विजिट के दौरान चेकलिस्ट

किसी भी कंपनी के साथ काम करने से पहले निम्नलिखित बिंदुओं पर ध्यान दें:

a. कंपनी के काम करने का तरीका

- क्या कंपनी FSSAI (Food Safety and Standards Authority of India) के नियमानुसार काम करती है?

- कंपनी की प्रक्रियाओं में पारदर्शिता है या नहीं?

- कंपनी का रिकॉर्ड-रखाव कैसा है?

b. एनेलिटिकल लैब की उपलब्धता

– चेक करें कि कंपनी के पास अपनी एनेलिटिकल लैब है या नहीं।

  – यदि कंपनी बाहरी लैब का उपयोग करती है, तो उनकी प्रक्रिया और नियमितता का विश्लेषण करें।

  – रिपोर्ट्स चेक करें और यह सुनिश्चित करें कि वे भरोसेमंद और समय पर हों।

बाहरी लैब टेस्टिंग का खर्च:

– यदि कंपनी प्रतिदिन 8-10 उत्पाद बनाती है, तो बाहरी टेस्टिंग की लागत बहुत अधिक होती है:

  – 1 सैंपल की औसत लागत: ₹5000/-

  – रोज़ाना खर्च: ₹40,000/-

– एक कंपनी के लिए अपनी लैब स्थापित करना अधिक किफायती और विश्वसनीय होता है।

c. पैकेट पर अनिवार्य जानकारी की जांच करें

उत्पाद पैकेट पर निम्नलिखित विवरण होना अनिवार्य है:

1. प्रोडक्ट का नाम

2. FSSAI नंबर

3. नेट वेट और पैकिंग की जानकारी

4. निर्माण और एक्सपायरी तिथि

5. वेज (VEG) लोगो

महत्वपूर्ण:

आजकल केवल FSSAI Department ही नहीं, बल्कि Metrology Department भी इन विवरणों की जांच करता है। यदि इनमें कोई कमी पाई जाती है, तो भारी पेनल्टी लग सकती है।

- **बिल होने का लाभ:**
  - यदि आपके पास बिल है, तो आपकी जिम्मेदारी कम हो जाती है।
  - निर्माता पूरी तरह से जवाबदेह होता है।

2. हाइजीन और साफ-सफाई का महत्व

किसी भी खाद्य उत्पाद की क्वालिटी का सीधा संबंध उस कंपनी के हाइजीन मानकों से होता है। केवल आपके द्वारा आँखों से देखी सफाई भी महत्वपूर्ण है।

a. कंपनी के वातावरण का निरीक्षण

- कंपनी में प्रवेश करते ही वातावरण को देखें। क्या साफ-सफाई है?
- काम करने वाले स्थान, उपकरण, और पैकिंग एरिया का निरीक्षण करें।

b. हाइजीन मानकों का पालन

- क्या कर्मचारी साफ-सफाई का ध्यान रखते हैं?

- प्रोडक्शन एरिया और पैकेजिंग एरिया में उचित स्वच्छता होनी चाहिए।

c. प्रोडक्ट क्वालिटी पर प्रभाव

- स्वच्छता और हाइजीन वाले वातावरण में बने उत्पाद अधिक सुरक्षित और भरोसेमंद होते हैं।
- ऐसी कंपनियां ग्राहक का विश्वास जल्दी जीतती हैं।

3. क्वालिटी सुनिश्चित करने के फायदे

1. ग्राहकों का विश्वास बढ़ता है:

- उच्च क्वालिटी वाले उत्पाद बेचने से ग्राहक का भरोसा बढ़ता है, जो आपके व्यापार के लिए लंबे समय तक फायदेमंद है।

2. कानूनी सुरक्षा:

- क्वालिटी मानकों का पालन करने से आप कानूनी झंझटों से बच सकते हैं।
- बिल के साथ क्वालिटी प्रोडक्ट बेचना व्यापार में स्थिरता लाता है।

3. लाभ में वृद्धि:

- गुणवत्तापूर्ण उत्पाद आपके ब्रांड की मार्केट वैल्यू बढ़ाते हैं, जिससे लाभ में वृद्धि होती है।

याद रखें, एक सही गुणवत्ता वाला उत्पाद न केवल आपके ग्राहक का विश्वास जीतता है बल्कि आपके व्यवसाय की स्थिरता और सुरक्षा भी सुनिश्चित करता है। गुणवत्ता से समझौता करना, व्यापार से समझौता करना है।

अध्याय 3

पूरी जानकारी प्रोडक्ट की मार्केट में उपयोगिता के बारे में

अब आपने कम्पनी के बारे में जान लिया और प्रोडक्ट की क्वालिटी भी समझ ली।

अब आपको यह जानना जरूरी है कि मार्केट में प्रोडक्ट की उपयोगिता और उसकी पसंद कैसे बदलती है, क्योंकि भारत में हर 200 किमी के क्षेत्र में लोगों का टेस्ट बदल जाता है। उदाहरण के लिए, आपने टाटा टी को देखा होगा, जिसने हर राज्य के लिए अलग-अलग चाय की क्वालिटी पैक की है। कहीं चाय के दाने मोटे होते हैं, कहीं बारीक, कहीं फ्लेवर ज्यादा होता है तो कहीं चाय का स्वाद कड़क होता है। यह सब लोगों की पसंद पर निर्भर करता है। इसी तरह, यदि हम मसालों की बात करें, तो हमें यह देखेंगे कि कहीं पर धनिया बारीक पिसा हुआ पसंद किया जाता है, तो कहीं मीडियम या मोटा पिसा हुआ।

उत्तर भारत की बात करें तो उत्तर प्रदेश में मिर्च का तीखापन ज्यादा पसंद किया जाता है, चाहे रंग थोड़ा कम हो, जबकि राजस्थान में लाल मिर्च में तीखापन और रंग दोनों का संतुलित

कॉम्बिनेशन चाहिए। अगर हम गुजरात की बात करें तो वहां तीखापन कम और रंग ज्यादा पसंद किया जाता है। यह सब हमें समझना होता है, क्योंकि हर इलाके का टेस्ट अलग होता है। इसको समझने के लिए दो साधारण तरीके हैं:

1. **सैम्पल टेस्ट:** सबसे पहले, आप जिस कम्पनी का प्रोडक्ट वितरण करना चाहते हैं, उनके सैम्पलों को घर पर अलग-अलग बना कर देखें। अगर आपके घर में लोग उस प्रोडक्ट को पसंद करते हैं, तो समझिए कि 80 प्रतिशत सफलता हासिल हो चुकी है। अगर आपका परिवार और दोस्त उस टेस्ट को अच्छे से स्वीकार करते हैं, तो वह मार्केट में भी स्वीकार किया जाएगा।

2. **जानकार दुकानदारों से सलाह:** दूसरा तरीका यह है कि आप अपने एरिया के जानकार और पुराने काम करने वाले दुकानदारों से उस प्रोडक्ट की क्वालिटी के बारे में राय लें। उनके अनुभव से आपको यह समझने में मदद मिलेगी कि यह प्रोडक्ट आपके बाजार में कितना सफल हो सकता है। पुराने दुकानदारों के पास मार्केट की गहरी समझ होती है, और वे आपको सही दिशा में मार्गदर्शन कर सकते हैं।

इन दोनों तरीकों से आप यह सुनिश्चित कर सकते हैं कि जो प्रोडक्ट आप बेचने जा रहे हैं, वह आपके क्षेत्र में लोगों की पसंद और जरूरतों के अनुसार है। मार्केट में सफलता की कुंजी यह है कि आप स्थानीय टेस्ट और पसंद को सही से पहचानें।

"याद रखें, मार्केट की मांग और टेस्ट को समझना उतना ही जरूरी है जितना कि प्रोडक्ट की क्वालिटी को जानना। इस समझ से ही आप अपने व्यापार में सही दिशा में कदम बढ़ा सकते हैं।"

अध्याय 4

पूरी जानकारी मार्केट में प्रोडक्ट की खपत के बारे में

अब आपने कम्पनी के बारे में पूरी जानकारी ले ली है। आपने प्रोडक्ट के बारे में और मार्केट में उसकी उपयोगिता को भी समझ लिया है। अब अगला कदम यह जानना है कि आप जिस प्रोडक्ट का वितरण (एग्रीमेंट) करने जा रहे हैं, वह मार्केट में कितना बिक सकता है। यह जानना बेहद जरूरी है क्योंकि प्रोडक्ट की सफलता इस पर निर्भर करती है कि उसकी खपत कितनी हो सकती है।

यह जानने का एक ही तरीका मैं आपको देता हूँ। कम्पनी से एग्रीमेंट करके उनकी कार्यवाही तो पूरी कर दें, लेकिन पहला पर्चेज ऑर्डर बनाने से पहले एक या दो कम्पनी के सेल्समैन के साथ खुद मार्केट में जाएं। यदि दो-तीन सेल्समैन हो सकते हैं, तो भी सही। उसके बाद ही पर्चेज ऑर्डर लगाएं। यह आपका महामंत्र साबित हो सकता है।

खुद साथ जरूर जाएं ताकि आपका सर्वे स्पष्ट हो सके। मार्केट में कौनसा एसकेयू कितना बिक सकता है, यह जानना बेहद जरूरी है। उदाहरण के रूप में, आपके अनुसार लाल मिर्च रेट

व क्वालिटी से उपयुक्त होने पर भी साइज कौनसा बिकता है? जैसे 5g, 10g, 50g, 100g, 200g, 500g, 1kg या 5kg। इस प्रक्रिया से आप वही स्टॉक मंगवा पाएंगे, जो आपकी मार्केट में बिक रहा है।

खपत का सही आकलन क्यों जरूरी है?

मार्केट में प्रोडक्ट की खपत का सही अंदाजा लगाना इसलिए जरूरी है ताकि आप अनावश्यक स्टॉक से बच सकें और आपका निवेश सही दिशा में हो। सेल्समैन के साथ खुद मार्केट का दौरा करने से आपको ग्राहकों की पसंद और प्राथमिकताओं को समझने में मदद मिलेगी।

यह प्रक्रिया न केवल आपको यह समझने में मदद करेगी कि आपका प्रोडक्ट कितना बिक सकता है, बल्कि यह भी सुनिश्चित करेगी कि आप अपनी मार्केट में प्रतिस्पर्धा का सामना बेहतर तरीके से कर सकते हैं।

महामंत्र

"पहले मार्केट का सर्वे करें, फिर पर्चेज ऑर्डर लगाएं।" यह तरीका आपको बेहतर निर्णय लेने में मदद करेगा।

अध्याय 5

वितरण में प्रोडक्ट की आरओआई (Return of Investment) के बारे में

अब तक आपने यह जान लिया:

1. कम्पनी की पूरी जानकारी।

2. प्रोडक्ट की क्वालिटी की पूरी जानकारी।

3. पूरी जानकारी मार्केट उपयोगिता के बारे में।

4. पूरी जानकारी मार्केट में खपत के बारे में।

अब पांचवां और सबसे महत्वपूर्ण कदम यह है कि आप यह जांचें कि इस वितरण में निवेश करने के बाद आपको कितना मुनाफा मिलेगा। यानी कि आपकी जेब में वास्तव में कितना पैसा आएगा।

इस विषय पर बात करते हुए मुझे एक घटना याद आ रही है, जो कि इस पुस्तक को लिखने की प्रेरणा बनी। यह घटनाक्रम मेरे एक सैल्स अधिकारी ने मुझे बताया था। इस घटना के केंद्र में एक नामी व्यापारी हैं, जो शहर की बड़ी फर्मों में गिने जाते थे।

वह व्यापारी घी, तेल और चीनी का बड़ा कारोबार करते थे, और उनकी प्रतिदिन की टर्नओवर लाखों रुपये में होती थी।

व्यापारी सैल्स अधिकारी की बातों को ज्यादा ध्यानपूर्वक नहीं सुन रहा था और लापरवाही का व्यवहार दिखा रहा था। सैल्स अधिकारी ने पूरी बात समझाई, लेकिन व्यापारी ने शिष्टापूर्वक इसे "पर्चून का काम" बताकर मना कर दिया। उसने कहा कि वह यह काम नहीं कर पाएगा।

संयोगवश, व्यापारी की दुकान पर उसके बुजुर्ग पिता, जो पहले व्यापार संभालते थे और अब कभी-कभी अपने बेटे के पास बैठने आते थे, वहां मौजूद थे। उन्होंने अपने बेटे और कम्पनी के सैल्स अधिकारी की पूरी बातचीत ध्यानपूर्वक सुनी।

चूंकि पुत्र ने "पर्चून का काम" कहकर वितरण करने से मना कर दिया था, सैल्स अधिकारी उठकर बाहर जाने लगा। लेकिन तभी व्यापारी के पिता ने बड़े प्यार से उसे रोका और कहा, "बेटा, आप बैठ जाओ। मैंने आपकी सारी बात सुनी है और हमको आपका काम भी करना है। पहले बैठकर एक कप चाय पियो।" उन्होंने अपने कर्मचारी को तीन कप चाय और समोसे लाने के लिए भेज दिया।

इसके बाद व्यापारी के पिता ने अपने बेटे की तरफ देखकर कहा, "जब से मैंने व्यापार छोड़ा है और तुमने यह 'पर्चून का काम' बंद कर दिया है, तब से हमने एक भी प्रॉपर्टी नहीं खरीदी। पहले, हर साल या दो साल में कोई छोटी-मोटी प्रॉपर्टी खरीद

लिया करते थे। अब तुम लाखों रुपये का व्यापार तो करते हो, लेकिन मुनाफा घर पर नहीं आता। अगर तुम्हें नोट गिनने का ही शौक है, तो बेटा, तुम बीकॉम पास हो। किसी बैंक में नौकरी कर लो, रोज करोड़ों रुपये गिनने को मिलेंगे और 60-70 हजार रुपये तनख्वाह भी मिलेगी।"

इसके बाद उन्होंने गंभीरता से कहा, "अगर तुम यह हिसाब लगाओ, तो तुम इस घी, तेल, चीनी के व्यापार में कमाने के बजाय असल में नुकसान कर रहे हो।"

तभी बेटा, जो अब तक चुप बैठा था, बोला, "घर खर्च कहां से चल रहा है?"

पिता ने जवाब दिया, "इस व्यापार से ही चल रहा है।"

उनके पिता द्वारा बताया गया हिसाब

उनके पिता ने कागज और पेन लेकर जो हिसाब बताया, वह मैं आपको दिखाता हूँ। आप भी इसी आधार पर चैक कर सकते हैं।

पुत्र द्वारा बताया गया मुनाफा:

1. सरसों के तेल का ग्रॉस प्रॉफिट: ₹5-12 प्रति टिन

2. रिफाइंड ऑयल का ग्रॉस प्रॉफिट: ₹5-12 (औसत ₹8 प्रति टिन)

3. चीनी का ग्रॉस प्रॉफिट: ₹10-20 per bag (औसत ₹15

प्रति बैग)

4. **सूजी/मैदा का ग्रॉस प्रॉफिट:** ₹10-20 per bag (औसत ₹12 प्रति बैग)

बिक्री और मुनाफे का विश्लेषण

लागत (₹ लाख में)	वस्तु	बेची गई मात्रा	प्रति यूनिट औसत मुनाफा	प्रतिदिन का ग्रॉस प्रॉफिट
₹3-40	रिफाइंड और सरसों का तेल	200 tins	₹8	₹1,600
₹2-00	चीनी	100 bags	₹15	₹1,500
₹2-25	सूजी/मैदा	150 bags	₹12	₹1,800
₹7-65				₹4,900

यानि करीब 7.5 से 8 लाख की बिकी कर ₹5000/- रूपये कमा लिया ग्रोस प्रोफिट।

पुत्र बोला, "मेरा और क्या खर्च है? मैंने हर महीने ₹5000 x 25 दिन = ₹1.25 लाख महीने का कमाता ही तो हूँ।" तो व्यापारी पुत्र के पिता जोर से हंस पड़े और बोले, "तूने पूरा हिसाब नहीं लगाया क्योंकि:

*   दुकान और गोदाम का किराया तुझको देना नहीं पड़ता क्योंकि

यह तेरे दादाजी ने लेकर हमारे लिए छोड़ दिया है।

- वह रकम, जो व्यापार में इन्वेस्ट हुई है, तुझे उसका ब्याज देना नहीं पड़ता।

- अपनी तनख्वाह तुम जोड़ते नहीं।

- रोज का दुकान पर मैं बैठता हूँ 2-3 घंटे, जब तुम तगादे (पेमेंट लेने) जाते हो, वह भी हिसाब में नहीं जुड़ता।

इसीलिए तुझे मुनाफा दिखता है। अगर इनकी कीमत (किराया और निवेश) जोड़कर देखोगे तो तुम घाटे में हो।"

कुल कमाई	पुत्र की तनख्वाह	गोदाम/ दुकान किराया	75 लाख इन्वेस्टमेंट का ब्याज (1% प्रति माह)	नेट प्रॉफिट
₹1,25,000	₹50,000	₹50,000	₹75,000	₹(-)50,000

अभी मैंने अपनी तनख्वाह (जो मैं 2-3 घंटे बैठता हूँ, उसका खर्चा तो मैं गिन ही नहीं रहा, हंसकर बोले) जितना तुम कमाते हो उससे ज्यादा खर्च हुआ या नहीं?

बेटा बोला, "पापा, 75 लाख इन्वेस्टमेंट कैसे गिना?"

पापा ने स्टॉक गिनवाया, जो कि 48 से 50 लाख का था, और मोटा-मोटी 25 से 28 लाख मार्केट में इन्वेस्ट (उधारी कर रखा था)।

तब पुत्र ने पिता की बात को समझकर एग्रीमेंट उसी समय

भरकर हमारी कंपनी का वितरक बन गया।

आज उसकी सेल 25 से 26 लाख प्रति महीना है, और उसका व्यापार में स्टॉक के साथ 45 से 50 लाख रुपये इन्वेस्ट है।

वह करीब 2 लाख रुपये महीना हमारे व्यापार से कमाता है और उसने हम जैसे 2-3 और भी काम ले रखे हैं।

रिफाइंड और मैदा का काम बहुत कम कर दिया।

आज का ROI:

	Total investment	Sale	Profit
Kichnam	50 लाख	25 लाख = 8%	= 2 लाख
A	40 लाख	28 लाख = 4%	= 1-5 लाख
B	24 लाख	11 लाख = 7 %	= 77 लाख
	114 लाख		4 लाख 27 हजार

Total Income Interest	Goodwon Rent	Sales Salary	Investment
42,70,000 -	50,000	50,000	114000
			= 213000 -

यानि, अपने पिता के अनुसार वह पहले 50 हजार रुपये महीने का घाटा करता था और अब पिता के हिसाब से 2 लाख 13 हजार रुपये महीने कमाता है, और अब मैं व्यापार से 4,50,000 रुपये महीना कमाता हूँ, लेकिन अब दोनों, पिता-पुत्र संतुष्ट दिखाई देते हैं। और हम जैसी कंपनी, जो कि मुनाफा और सेल को ढंग से चेक करके नया काम पकड़ती है, मेरी यह पुस्तक लिखने में उनके इस सहयोग को नकार नहीं सकता।

एक दिन मुझसे फोन वार्ता पर बोले, "आपने मेरा प्रॉफिट डबल कर दिया और मैं अब अपने पिता की नजरों में व्यापारी दिखता हूँ। और हर साल-दो साल में, अपने पिता की इच्छानुसार, छोटी-मोटी प्रॉपर्टी खरीद ही लेते हैं, जिसमें उनके मन को संतुष्टि मिलती है। मुझे भी अब मंदा-तेज का डर नहीं सताता क्योंकि पहले रिफाइंड, सरसों तेल, मैदा, सुजी में मंदा-तेज बहुत होता था जिससे मेरा बीपी इसी से घटता-बढ़ता था। अब मैं लगातार फोन पर नहीं लगा रहता। और अब , मैं परिवार के साथ बातचीत भी करता हूँ, और साल में दो बार घूमने जरूर जाता हूँ। यह असर प्रॉफिट होने पर सभी वितरकों को यही खुशी होती है।

आज उनका बेटा हमारे काम को "Double Your Profit" कहकर कम से कम 6 से 7 वितरकों को (जो कि अलग-अलग टाउन के उसके जानकार मित्र या रिश्तेदार हैं) जोड़ चुका है।

मित्रों, मेरा यह निवेदन है कि आप अपना व्यापार मुनाफे और गुडविल का भी ध्यान रखें, न कि केवल ट्रांजैक्शन (सेल) को ही ध्यान में रखें, क्योंकि हम व्यापार पैसा कमाने के लिए करते हैं, ना कि पैसा गिनने के लिए।

अध्याय 6

कम्पनी के हैन्ड होल्डिंग के बारे में

अब आपने:

1. पूरी जानकारी कम्पनी के बारे में।

2. पूरी जानकारी प्रोडक्ट की क्वालिटी के बारे में।

3. पूरी जानकारी प्रोडक्ट की मार्केट में उपयोगिता के बारे में।

4. पूरी जानकारी मार्केट प्रोडक्ट की खपत के बारे में।

5. वितरण में प्रोडक्ट की आरओआई (Return of Investment) के बारे में

यह सब जानने के बाद एक जरूरी कदम है, जिसके बारे में आपको कम्पनी से जानना आवश्यक है: कम्पनी माल बेचने के बाद आपको कैसे आपके नए अनुभव के बारे में सहायक सिद्ध हो सकते हैं। आप लोग व्यापारी हैं, और आप हर प्रोडक्ट के बारे में पूरी जानकारी नहीं रखते। कम्पनी द्वारा भेजी जाने वाली टीम, जो प्रोडक्ट की खूबियों और दुकानदारों द्वारा पूछे गए सवालों का संतोषजनक जवाब देती है, वे इस प्रोडक्ट से सीधे जुड़े होते हैं।

उन्हें समय-समय पर कम्पनी से प्रोडक्ट की जानकारी और बेचना सिखाया जाता है।

इसलिए, आपको यह जानना बहुत जरूरी है कि आपको उनकी तरफ से कितना साथ मिलेगा। अगर हो सके तो इसे लिखित में भी लिया जा सकता है, ताकि आप अपनी सफलता का मार्ग और सुनिश्चित कर सकें। मैंने देखा है कि सैकड़ों वितरकों से बात करने के बाद भी, सब कुछ अच्छा होने के बावजूद, 10 वितरकों में से 5 वितरक बंद हो जाते हैं।

यह इसलिए होता है क्योंकि वितरकों के मेहनती होने पर भी, पैसे लगाने के बावजूद, जानकारी की कमी होने के कारण वे मार्केट में प्रोडक्ट को ठीक से समझा नहीं पाते। वे प्रोडक्ट की खूबियां नहीं बता पाते, जबकि दुकानदारों के पास इसका जवाब होता है। इसके चलते वितरकों का मनोबल टूटता जाता है, और वे प्रोडक्ट से यकीन खोने लगते हैं। आखिरकार, काम बंद हो जाता है।

इसलिए, हैन्ड होल्डिंग के बारे में गम्भीरता से कम्पनी को बात करनी चाहिए। कम्पनी का यह कर्तव्य है कि वह अपने वितरकों को प्रशिक्षण, समर्थन और नियमित मार्गदर्शन दे, ताकि वे बाजार में अपनी पहचान बना सकें। हैन्ड होल्डिंग से आपका स्टाफ भी प्रशिक्षित हो जाता है, जिससे आपके कारोबार में सफलता की संभावनाएं बढ़ जाती हैं।

अगर कम्पनी अपनी ओर से पूरी जानकारी और सहायक ढांचा प्रदान करती है, तो वितरकों के लिए बाजार में स्थिरता और प्रगति सुनिश्चित हो सकती है। इसके बिना, सफलता केवल सम्भावना बनकर रह जाती है, और कारोबारी जद्दोजहद में फंसकर अपने उद्देश्य से भटक सकते हैं। इस सबके बावजूद, अगर पूरी टीम मिलकर काम करती है, तो सफलता निश्चित रूप से हासिल की जा सकती है।

अध्याय 7

कम्पनी के साथ रिटेलिंग योजना बनाना

उम्मीद हैं कि उपरोक्त 6 अध्यायों में बताई गई बातों से आपने काफी कुछ समझा होगा। अगर वह सब आपको ठीक लगती हैं, तो एक और आवश्यक बात है जिसे नजरअंदाज नहीं किया जा सकता। वह है आपकी बनाई हुई स्ट्रक्चर और कम्पनी से किए गए एग्रीमेंट में तारतम्य और सामंजस्य होना।

उदाहरण के रूप में

- किस तरह से माल का वितरण किया जायेगा?

- कितना स्टाफ रखना आवश्यक है?

- बाजार में कितना पैसा लगाया जायेगा?

- कितने दिन की उधारी मार्केट में दी जायेगी?

- कितना डिस्काउन्ट किस-किस दुकानदार को दिया जायेगा?

- किस-किस मार्केट में किस-किस दिन जाना होगा?

- किस-किस दिन वितरक के साथ कम्पनी का सैल्समैन भी मार्केट करने जायेगा?

- और जो भी इन मुख्य बातों के अलावा जो भी वितरक के लिए मार्केट के अनुसार आवश्यक हो।

जब आप इन सभी सवालों का उत्तर ढूंढकर एक ठोस योजना बनाते हैं, तो आपका मार्ग आसान हो जाता है। सही दिशा में योजना बनाना आपके जोखिम को शून्य कर देता है और आपकी मेहनत का प्रतिफल दोगुना हो जाता है। यह सफलता की कुंजी है!

किसी ने सच कहा है, "अच्छी योजना सफलता का सबसे बड़ा कारण होती है।" जब आप ऊपर बताई गई बातों को सही तरीके से लागू करते हैं और उनपर पूरी तरह से विचार करते हैं, तो आपको 90 प्रतिशत सफलता प्राप्त हो सकती है।

आपके काम में चुनौतियाँ आ सकती हैं, जैसे कि बाजार की बदलती स्थितियाँ या नए उत्पादों की मांग का पता न चलना। लेकिन चिंता कि कोई बात नहीं हैं मेरे दोस्त, अपने 45 साल के अनुभव और डिस्ट्रीब्यूशन के क्षेत्र में 32 वर्षों के ज्ञान से मैं हमेशा आपके साथ हूं। वैसे भी मैंने 5000 वितरकों को समृद्ध करने का संकल्प लिया है और इस मार्ग पर आपका साथ देने के लिए वचनबद्ध हूँ।

हमारी उपलब्धियाँ और सम्मान

हमारी कंपनी को मिले विभिन्न पुरस्कारों और मान्यता को देखकर यह साबित होता है कि हमारी मेहनत और कड़ी मेहनत का परिणाम फलदायक रहा है। कुछ महत्वपूर्ण सम्मान जो हमें प्राप्त हुए हैं:

- 30 टन उत्पाद उत्पादन क्षमता प्रतिदिन

- ISO प्रमाणित कंपनी AGMARK

- **अमर उजाला** द्वारा गाजियाबाद रत्न सम्मान

- बिक्री कर विभाग द्वारा सम्मानित

- IIA द्वारा सम्मानित

यह सब हमारी टीम की मेहनत, समर्पण और एकसाथ मिलकर काम करने का परिणाम है। इन मान्यताओं के साथ, हम भविष्य में और भी उच्च लक्ष्यों को हासिल करने के लिए तैयार हैं।

डबल मुनाफा, खुशहाल व्यापार!

जब भी आपको आवश्यकता हो, आप मुझसे संपर्क कर सकते हैं। व्हाट्सएप ग्रुप में अपनी समस्याएँ डालें, या फिर मेरे EA से ऑफलाइन मिलने के लिए सम्पर्क करें। यदि आप चाहें, तो हम एक ऑनलाइन वन-टू-वन मीटिंग भी आयोजित कर सकते हैं ताकि आपकी समस्याओं का त्वरित समाधान किया जा सके।

मुझे पूरा विश्वास है कि यदि आप उपरोक्त सात बातों का ईमानदारी से पालन करते हैं, तो "डबल योर प्रॉफिट का सपना केवल सपना नहीं रहेगा, बल्कि वह आपके व्यापार का हिस्सा बन जाएगा।

आखिरकार, व्यापार केवल मुनाफा कमाने का एक साधन नहीं है, बल्कि यह एक अवसर है, जिससे आप अपने परिवार को बेहतर भविष्य दे सकते हैं और अपने सपनों को पूरा कर सकते हैं। मुझे आपका आशीर्वाद प्राप्त होता रहेगा, और मैं आपकी सफलता की कामना करता हूं।

ओम प्रकाश धमीजा

ईमेल आईडी:

इस यात्रा को साथ में तय करते हैं, सफलता हमारी होगी!

"Distribution is not just about the distributor; it can also change your thinking and lifestyle."

9 789363 389007